BEI GRIN MACHT SICH IHR WISSEN BEZAHLT

- Wir veröffentlichen Ihre Hausarbeit, Bachelor- und Masterarbeit

- Ihr eigenes eBook und Buch - weltweit in allen wichtigen Shops

- Verdienen Sie an jedem Verkauf

Jetzt bei www.GRIN.com hochladen und kostenlos publizieren

Sabine Neureiter

Körpersymbolik im Alten Ägypten

Kosmetik und Körperpflege - Schönheit und Reinheit

GRIN Verlag

Bibliografische Information der Deutschen Nationalbibliothek:

Die Deutsche Bibliothek verzeichnet diese Publikation in der Deutschen National-bibliografie; detaillierte bibliografische Daten sind im Internet über http://dnb.d-nb.de/ abrufbar.

Dieses Werk sowie alle darin enthaltenen einzelnen Beiträge und Abbildungen sind urheberrechtlich geschützt. Jede Verwertung, die nicht ausdrücklich vom Urheberrechtsschutz zugelassen ist, bedarf der vorherigen Zustimmung des Verlages. Das gilt insbesondere für Vervielfältigungen, Bearbeitungen, Übersetzungen, Mikroverfilmungen, Auswertungen durch Datenbanken und für die Einspeicherung und Verarbeitung in elektronische Systeme. Alle Rechte, auch die des auszugsweisen Nachdrucks, der fotomechanischen Wiedergabe (einschließlich Mikrokopie) sowie der Auswertung durch Datenbanken oder ähnliche Einrichtungen, vorbehalten.

Impressum:

Copyright © 2006 GRIN Verlag GmbH
Druck und Bindung: Books on Demand GmbH, Norderstedt Germany
ISBN: 978-3-656-50602-7

Dieses Buch bei GRIN:

http://www.grin.com/de/e-book/262199/koerpersymbolik-im-alten-aegypten

GRIN - Your knowledge has value

Der GRIN Verlag publiziert seit 1998 wissenschaftliche Arbeiten von Studenten, Hochschullehrern und anderen Akademikern als eBook und gedrucktes Buch. Die Verlagswebsite www.grin.com ist die ideale Plattform zur Veröffentlichung von Hausarbeiten, Abschlussarbeiten, wissenschaftlichen Aufsätzen, Dissertationen und Fachbüchern.

Besuchen Sie uns im Internet:

http://www.grin.com/

http://www.facebook.com/grincom

http://www.twitter.com/grin_com

Kosmetik und Körperpflege - Schönheit und Reinheit. Körpersymbolik im Alten Ägypten

Erstmals publiziert in:
Kemet - Die Zeitschrift für Ägyptenfreunde,
Schönheit im Alten Ägypten,
Bd. 1, 2006, Kemet Verlag, Berlin, 10ff
Überarbeitete Fassung.
(www.kemet.de)

von

Sabine Neureiter, M.A.

Vorwort

Bei meinen Kemet-Artikeln handelt es sich um Texte, in denen ich versuche auf wenigen Seiten viele Informationen zu liefern. Der inhaltliche Rahmen ergibt sich aus dem Titel-Thema der jeweiligen Kemet-Ausgabe. Alle Artikel in den Kemet-Magazinen sind bebildert; die Fotos ergänzen die Texte.

Mir war bei jedem einzelnen Artikel wichtig, nicht lediglich schon bekannte und überall nachzulesende Informationen zusammenzustellen und nachzuerzählen. Ich betrachte alle Themen aus einer über den Tellerrand der Ägyptologie hinausgehenden Perspektive und stelle oftmals Thesen in den Raum, die eine Diskussion anstoßen sollen. Es handelt sich dabei aber immer um begründete und nicht aus der Luft gegriffenen Überlegungen.

Für viele meiner Artikel bilden ethnologische, soziologische oder religionswissenschaftliche Ansätze den Rahmen, um alternative Sichtweisen zu ermöglichen. Dabei gehe ich durchaus – aus ägyptologischer Sicht – etwas provokativ an ein Thema heran. Aber immer nur mit dem Ziel, neue oder unbekanntere Aspekte darzustellen.

Um altbekannter Kritik von vornherein entgegenzutreten: Grundsätzlich ist ein über räumliche und zeitliche Grenzen hinwegreichender Kulturvergleich ebenso statthaft wie ein sich ausschließlich an die Originalquellen haltender Versuch, Erkenntnisse über die altägyptische Kultur zu gewinnen. Das Argument, es handle sich bei dem einen um eine anachronistische und bei dem anderen um die einzig akzeptable Vorgehensweise, greift nicht. Denn schließlich findet auch das sprachwissenschaftlich fundierte Interpretieren einer altägyptischen Originalquelle alles andere als zeitnah zu ihrer Entstehung statt. Und eine Quelle aus der ägyptischen Spätzeit ist immerhin auch schon zweitausend Jahre jünger als etwa eine aus der Pyramidenzeit, so dass die Interpretationsergebnisse der jüngeren Quelle als anachronistisch bewertet und zum Verständnis der älteren nicht herangezogen werden dürften, wollte man dieser Argumentation folgen.

Nicht nur der Kulturvergleich, sondern gerade auch der interdisziplinäre Ansatz erweitert unseren Verstehenshorizont. Dann finden sich Antworten auf Fragen, die sich aus ägyptologischer Sicht nie stellen würden und werfen Licht auf unbeachtete oder unbekannte kulturelle Phänomene. Auch scheinbar wissenschaftlich längst bearbeitete Bereiche müssen immer wieder auf den Prüfstand; allein, weil jedem Wissenschaftler und jeder Wissenschaftlerin eine subjektive Sichtweise zueigen ist und jeder Versuch, Subjektivität aus der Arbeit auszuschließen und reine Objektivität walten zu lassen, niemals gelingen kann.

Letztendlich kann es immer nur darum gehen, ein weiteres kleines Fenster zum Verständnis der altägyptischen Kultur aufzustoßen.

Kosmetik und Körperpflege - Schönheit und Reinheit. Körpersymbolik im Alten Ägypten

Einleitung

Der Begriff Kosmetik geht auf das griechische Wort Kosmos zurück. Kosmos meint Weltordnung und bedeutet das Gegenteil von Chaos, dem ungeordneten Zustand der Welt. Die Verwendung von Kosmetik geht also auf eine uns fremd gewordene Weltanschauung zurück: der menschliche Körper und die Weltordnung stehen in einem Zusammenhang. Und nicht nur das. In den meisten nicht-westlichen Kulturen, und so auch im Alten Ägypten, meinen Weltordnung und gesellschaftliche Ordnung dasselbe. Aus diesem Grund kann man also sagen: Körper, Gesellschaftsordnung und Weltordnung stehen in einer Beziehung.

Mircea Eliade bezeichnet diese Wechselbeziehung als Homologisierung: Der Mensch „kosmisiert" sich.[1] Und umgekehrt „anthropomorphisiert" der Mensch „die Naturordnung und ihre Prinzipien, die Götter".[2] Im Alten Ägypten drückt sich diese Homologisierung unter anderem durch die Verwendung von Kosmetik aus.

Götterstatuen wurden ebenso gesalbt, geschminkt und angekleidet wie der König und die Menschen in seiner Umgebung. Zu den Kulthandlungen bei der Krönung des ägyptischen Königs, die dazu dienten, seine Herrschaft göttlich zu legitimieren, gehörte neben der Reinigung und dem Einkleiden auch die Salbung des Königs. Während ihm sein Schmuck angelegt wurde, wurde er mit neun heiligen Ölen gesalbt. Die Salbungen hatten Schutz- und Machtfunktionen und ließen den König „am Leben des Kosmos teilhaben", denn die Öle und Salben waren aus Mineralien und Kräutern heiliger Orte zusammengesetzt und übertrugen „die Energien der Materie auf den Körper des Königs". Die Salbungen drückten „symbolisch den Übergang vom König als einem sterblichen Menschen zum von den Göttern auserwählten Herrscher aus", indem er „mit übernatürlichen Energien" versehen wurde.[3]

Auch Jesus war ein „Gesalbter". Das Wort Messias ist eine Transliteration des hebräischen Begriffs Maschiach, Gesalbter. Christos ist die griechische, Christus die lateinische Übersetzung dieses Begriffs. Die Salbung als Zeichen göttlicher Machtübertragung findet sich noch im christlichen Mittelalter und war die Grundlage des Gottesgnadentums der europäischen Könige. Bei der Krönung wurde der König mit einem heiligen Öl gesalbt und galt damit als Gesalbter des Herrn (Christus Domini). Damit war sein Herrschaftsanspruch göttlich legitimiert.[4]

---

[1] Mircea Eliade: Das Heilige und das Profane. Vom Wesen des Religiösen, 1990, 151f

[2] Dietrich Harth: Der aufrechte Gang - Monument der Kultur? Über die Lesbarkeit des Leibes und einige andere Voraussetzungen der Kulturanalyse, in: A. Assmann; D. Harth (Hg.): Kultur als Lebenswelt und Monument, 1991, 80

[3] Marie-Ange Bonhême; Annie Forgeau: Pharao, Sohn der Sonne. Die Symbolik des ägyptischen Herrschers, 1989, 238ff

[4] S. unter den entsprechenden Suchwörtern in: Biographisch-Bibliographisches Kirchenlexikon (www.bautz.de/bbkl)

Der sakrale Aspekt der Kosmetik und Körperpflege verlieh dem ägyptischen König und den Menschen der Oberschicht eine überirdische Vollkommenheit und Reinheit. Dadurch umgab sie eine Unberührbarkeit und Heiligkeit, die den Göttern ähnlich war. Und insofern waren das Auftragen von Kosmetik und die damit zusammenhängende Körperpflege die Weltordnung und damit auch die Gesellschaftsordnung bestätigende Handlungen.

Der menschliche Körper

Der menschliche Körper ist das mikrokosmische Abbild der Gesellschaft. An ihm zeichnen sich kultur- und gesellschaftstypische Merkmale ab - sei es im Körperverhalten, im Körpererleben oder in der Körperbehandlung. Mary Douglas spricht daher von den „zwei Körpern", dem sozialen und dem physischen Körper.[5] Zwischen beiden findet ein ständiger Austausch von Bedeutungsgehalten statt, was wiederum zur Folge hat, dass der Einzelne, was seine individuelle Ausdrucksmöglichkeit mittels seines Körpers angeht, stark eingeschränkt ist - auch wenn gerade die Verwendung von Kosmetik das Gegenteil zu beweisen scheint.

Innerhalb jeder Gesellschaft existieren soziale Grenzen. In unserer modernen, demokratischen Gesellschaft werden sie vor allem dann bemerkbar, wenn sie absichtlich oder unabsichtlich überschritten werden. Unsere scheinbare Individualität, die sich über die Mode und die Verwendung teurer Kosmetik auszudrücken versucht, ist letztendlich nichts anderes als ein Ausdruck der Konformität, eine Anpassung an die Gruppe, der man zugehört oder zugehören möchte. Extravaganzen können sich nur die in ihrer Gruppe Etablierten leisten, die dann als Trendsetter wirken. Die weniger Etablierten rücken ins soziale Abseits und rutschen auf Dauer gesellschaftlich ab.

In unseren Klatschblättern lässt sich die Problematik der sozialen Grenzüberschreitungen sehr schön mitverfolgen. Demokratie hin oder her, noch immer gibt es in Europa eine adlige Oberschicht und in einigen Ländern sogar noch einen herrschenden Hochadel. Spätestens dann, wenn ein sozialer Aufsteiger das letzte Überbleibsel der ehemals „von Gott gegebene Gesellschaftsordnung" (jeder Mensch wurde von Gott an seinen Platz gestellt) auszulöschen droht, weil er die sozialen Grenzen bis ganz hinauf überschreiten und in die adlige Oberschicht aufsteigen möchte, dann zählt nur noch die familiäre Zugehörigkeit. Auch Stammbäume sind Ausdruck eines Abgrenzungsbedürfnisses.

Grenzüberschreitungen im sozialen Raum durch äußerliche Angleichungen sind also nur oberflächlicher Natur und insofern auch nur bis zu einem gewissen hierarchischen Niveau möglich. Die sozialen Grenzen werden enger und unüberwindbarer, je mehr Macht und Prestige es für die Zielgruppe zu verlieren gilt.

Nicht nur über Stammbäume, auch über das Tragen des Familienschmucks, von Orden und Abzeichen, eines Familienwappens oder einer Tracht lässt sich die Familienzugehörigkeit ausdrücken. Und ebenso symbolisiert die Verwendung von Kosmetik und die spezielle

---

[5] Mary Douglas: Ritual, Tabu und Körpersymbolik. Sozialanthropologische Studien in Industriegesellschaft und Stammeskultur, 1986, 99ff

Körperpflege die Zugehörigkeit zu einer bestimmten sozialen Gruppe. Für Wellnesskuren, chirurgische Schönheitskorrekturen oder edle Parfums wird heutzutage immer mehr Geld ausgegeben, was etwas über das Bedürfnis der Menschen nach Luxus und Zugehörigkeit zur „besseren Gesellschaft" aussagt.

Kosmetik und Körperpflege haben also grenzmarkierende Funktionen, denn vom Körper lässt sich ablesen, zu welcher sozialen Gruppe ein Mensch gehört oder gehören möchte. In diesem Sinne ist Kosmetik und damit zusammenhängend die Körperpflege als Körpersymbolik zu verstehen.

Oberschicht und Unterschicht im Alten Ägypten

Kommen wir nun wieder auf das Alte Ägypten zu sprechen. Die altägyptische Gesellschaft war hierarchisch organisiert und bestand, grob gesagt, aus einer Unterschicht und einer herrschenden Oberschicht, dem „Haus des Königs". Zu den Mitgliedern des „Königshauses" zählten neben der königlichen Familie auch alle den Staat repräsentierenden Würdenträger und der gesamte Verwaltungsapparat. Da der König nicht als Mensch, sondern als Gott gedacht wurde, strahlte die Göttlichkeit des Königs auf das ganze „Königshaus" aus. Oleg Berlev meint sogar, dass sich die Gesamtheit des „Königshauses" als Körper des Gottkönigs vorstellen lässt, „ähnlich wie die Ägypter ihren ganzen Pantheon als eine Einheit denken konnten, als Körper des einen Gottes, der Sonne".[6]

Die Menschen beider gesellschaftlichen Schichten werden die gesamte altägyptische Geschichte hindurch in Kunst und Literatur grundsätzlich verschieden dargestellt. Dabei grenzen sich die Menschen der Oberschicht von denen der Unterschicht zum Beispiel dadurch ab, dass letztere prinzipiell bei der Ausübung ihrer jeweiligen Arbeit abgebildet werden. Im Unterschied dazu ist die Oberschicht auch an Festmahlen teilnehmend, feiernd oder im Kreise der Familie dargestellt.

Wir müssen uns darüber bewusst sein, dass das altägyptische Schönheitsideal, das wir zu kennen meinen, von der Oberschicht kreiert und vermittelt wurde. Denn sie war es, die sich mittels verschiedener Kommunikationsmedien, zu denen auch die Kosmetik gehörte, selbst beschrieb.[7] Und diese Selbst-Beschreibungen in Form von Darstellungen in den Gräbern und Tempeln sind es, die wir heute betrachten. Selbst-Beschreibungen der Oberschicht finden wir also nicht nur in der Literatur, wie zum Beispiel im „Nilhymnus", wo gesagt wird, dass selbst die Kinder der Vornehmen geschmückt werden oder in der „Lehre des Cheti", wo abschreckend die Berufe der Unterschicht in den drastischsten Worten geschildert werden. Wir hören unter anderem von dem stinkenden Metallarbeiter, dem krummbeinigen Perlenaufzieher, dem von Insekten zerstochenen Schilfrohrschneider, dem verdreckten Töpfer, dem ungewaschenen Maurer und von dem zerlumpten Bauern.

Mittels der Kosmetik und der Körperpflege war es den Menschen der Oberschicht möglich,

---

[6] Oleg Berlev: Der Beamte, in: S. Donadoni (Hg.): Der Mensch des Alten Ägypten, 1992, 114

[7] S. a. Sabine Neureiter: Eine neue Interpretation des Archaismus, in: SAK 21, 1994, 245ff

ein „merkmallos-allgemein ägyptisches Aussehen" zu erlangen. Wir können durchaus von einer Form der Stilisierung sprechen. Stilisiert wurde ein bestimmtes Ideal, das den Menschen an sich herausstellen sollte. Jan Assmann spricht von einem „hieroglyphischen Menschenbild". Während es den Menschen der Unterschicht unmöglich war diesem Idealbild zu entsprechen, waren die Menschen der Oberschicht, so Jan Assmann, täglich um ihr Aussehen und Auftreten bemüht und besaßen eine konkrete Vorstellung „von Vornehmheit, Würde und Schönheit".[8]

In der Kunst und in der Literatur wird das Bild des kontrollierten, disziplinierten, gepflegten und mit Manieren ausgestatteten Beamten vermittelt. Und diese Feststellung führt uns zurück zu Mary Douglas' Theorie der zwei Körper. Je stärker die Rollenstrukturen einer Gesellschaft ausgeprägt sind, desto höher werden die formalen Verhaltensweisen bewertet und desto strikter ist die Körperkontrolle. Der Formalität, so Mary Douglas, „korrespondiert die strikte Körperkontrolle, und zwar ganz besonders dort, wo die Kultur der Natur mit Entschiedenheit übergeordnet wird".[9] Mit anderen Worten: Formales Körperverhalten steht für Kultur, informelles Körperverhalten für Natur. Insofern ist die Beobachtung, dass „die soziale Stellung einer Frau oder eines Mannes umso höher ist, je unpraktischere, hinderlichere Kleidung sie tragen", durchaus richtig.[10]

Die Abgrenzung der Oberschicht von der Unterschicht mittels der Verwendung von Kosmetik und der Körperpflege sagt also viel über die altägyptische Gesellschaftsordnung aus. Die Oberschicht unterdrückte ihre Individualität: kein natürlicher Haarwuchs oder graue Haare, keine vielleicht dunklere Hautfarbe und keine individuelle Kleidung. Die Oberschicht stilisierte ein als kultiviert, sprich menschlich empfundenes Aussehen.

Statt der Individualität werden das Amt und der Stand betont. Jan Assmann spricht in diesem Zusammenhang von der persönlicheren „Amtsgestalt" und der allgemeineren „Standesgestalt". Uns interessiert hier lediglich die „Standesgestalt". Denn was die Symbolik angeht, so unterschied sich eine „Amtsgestalt" der Oberschicht prinzipiell nicht von einer „Berufsgestalt" der Unterschicht. Hier wie dort kennzeichneten äußere Merkmale wie spezielle Kleidung oder Frisuren eine jeweilige berufliche Tätigkeit. Die „Standesgestalt" hingegen stilisierte einen bestimmten Teil der Gesellschaft. So wurde die Oberschicht zum Beispiel durch den „gepflegten Beamten in leuchtend weißen Kleidern" repräsentiert, „dessen Erscheinung sich strahlend abhebt von dem ruppigen Aussehen der Unterschichten".[11]

Anhand der Reinheitsvorschriften der Tempel der Spätzeit wird deutlich, was unter der eingangs erwähnten Homologisierung von Mensch, Gesellschaft und Weltordnung zu verstehen ist. "Indem der Tempel die Vor-Schrift der Götter nachschreibt, wird er zugleich zu einem Modell der Welt; denn die Welt ist nach denselben Prinzipien gebaut", so Jan Assmann. Der Tempel ist das Gehäuse einer besonderen Lebensform. "Der 'Nomos des Tempels', wie man diese Lebensform bezeichnen könnte, verbindet den Aspekt kultischer

---

[8] Jan Assmann: Stein und Zeit. Mensch und Gesellschaft im Alten Ägypten, 1991, 149

[9] Douglas, Ritual, Tabu und Körpersymbolik, 107

[10] Katalog zur Ausstellung: Nofret - Die Schöne. Die Frau im Alten Ägypten, 1984, 146

[11] Assmann, Stein und Zeit, 150

Reinheit mit dem Aspekt gesellschaftlicher Moral."[12] Die im Kult verankerten Tabu- und Moralvorstellungen veranschaulichen die geltenden Wert- und Sittlichkeitsmaßstäbe der altägyptischen Oberschicht, denn es waren die Priester und der König als oberster aller Priester, die sich am reinsten an die göttlichen Regeln, die sie selbst formulierten, hielten. Sie allein durften sich als rein beschreiben und konnten sich auf diese Weise als besondere soziale Gruppe auch innerhalb der Oberschicht abgrenzen.

„Je komplexer das Sozialsystem ist", so Mary Douglas, „desto mehr sind die in ihm geltenden Regeln für das körperliche Verhalten darauf angelegt, den Eindruck zu erwecken, daß der Verkehr zwischen Menschen - im Gegensatz zu dem zwischen Tieren - ein Verkehr zwischen körperlosen Geistern ist; die Stufen der ‚Entkörperung' werden benutzt, um die Stufen der sozialen Hierarchie zu markieren. Je höher die Stufe ist, die jemand auf ihr einnimmt, umso mehr verfeinert sich sein Verhalten, umso mehr Dinge werden für ihn ‚unmöglich' - z.B. lautes Schmatzen und Kauen, geräuschvolles Atmen und ein schwerer Gang, Lachen, das nicht sorgfältig moduliert und gedämpft ist, unkontrollierte Zornausbrüche, kurz: alles, was nicht zum priesterlich-aristokratischen Erscheinungsbild paßt".[13]

In der „Lehre des Ptahhotep" wird dieses Erscheinungsbild sehr schön beschrieben, denn das ist es, was es idealer Weise zu erreichen galt: „Wenn du ein Gast bist am Tische eines, der größer ist als du, dann nimm, was er dir gibt, wie man es dir vorlegt. Blicke nicht auf das, was vor ihm liegt, sondern blicke immer nur auf das, was vor dir liegt. Durchbohre ihn nicht mit vielen Blicken - der Ka haßt es, so bedrängt zu werden. Halte deinen Kopf gesenkt, bis er dich anspricht, und rede nur, wenn er dich angesprochen hat. Lache nur, wenn er gelacht hat, da wird ihm sehr angenehm sein, und deine Haltung wird dem Herzen wohltun, denn man weiß ja nie, was ihm das Herz bedrückt. Bei einem Großen, der vor einer Mahlzeit sitzt, ist seine Stimmung abhängig von seinem Ka. Der Große gibt, wenn einer nicht aufdringlich ist, aber dann ist es der Ka, der mit seinen (des Großen) Händen austeilt. Auf diese Weise ißt man gemäß dem Plane Gottes (…), und nur ein Ungebildeter kann sich dabei benachteiligt fühlen."[14]

Selbstbeschreibungen

Die Hierarchie der altägyptischen Gesellschaft spiegelt sich also in der Art und Weise wie die Menschen mit sich (ihrem Körper) umgehen und sich (ihren Körper) darstellen. Da wir ausschließlich auf Quellen zurückgreifen können, die von der Oberschicht in Auftrag gegeben wurden, wissen wir nichts darüber, wie die Selbst-Beschreibung der Unterschicht ausgesehen haben könnte. Die Selbst-Beschreibung der Oberschicht basierte jedenfalls - das lässt sich aus den Quellen herauslesen - unter anderem auf der Abgrenzung gegen die Unterschicht durch eine extensive Verwendung von Kosmetik und intensive Körperpflege.

---

[12] Jan Assmann: Der Tempel der ägyptischen Spätzeit als Kanonisierung kultureller Identität, in: J. Osing; E. Kolding Nielsen (Hg.): The Heritage of Ancient Egypt. Studies in Honor of Erik Iversen, 1992, 15f

[13] Douglas, Ritual, Tabu und Körpersymbolik, 110

[14] Hellmut Brunner: Altägyptische Weisheitslehren. Lehren für das Leben, 1988, 114

Kosmetik war Luxus, den sich nur der herrschende Teil der Gesellschaft leisten konnte. Und auch sauberes Wasser, Seife, Öl und die zur Pflege notwendige Zeit standen der Unterschicht nicht selbstverständlich zur Verfügung.

Ob Tätowierung oder das Tragen von Schmuck. Jegliches Körperverhalten und jegliche Behandlung des Körpers liefert optische Informationen. Es gibt auch keinen grundsätzlichen Unterschied zwischen der Verwendung von Kosmetik und der Körperbemalung. Das Auftragen von Kosmetik, die Verwendung von Salbkegeln und Duftstoffen, das Rasieren und das Tragen von Perücken ist ebenso als Aussage zu verstehen wie zum Beispiel die Skarifikation (Anbringen von Ziernarben): Es ging um das Sichtbarmachen der Zugehörigkeit zu einem bestimmten Teil der Gesellschaft, um die soziale Stellung, um Würde, um Prestige, um die Zurschaustellung von Wohlstand und Status. Oder anders gesagt: Es ging um soziale Abgrenzung und damit zugleich um die Demonstration und Aufrechterhaltung der Weltordnung, die es dem einen Teil der Gesellschaft erlaubte über den anderen Teil zu herrschen.

Schluss

„Soziale Abgrenzung" ist meiner Meinung nach der unbewusste, dem oberflächlichen Bedürfnis nach Luxus unterliegende Grund dafür, dass heutzutage weltweit die Nachfrage nach Kosmetikartikeln immer weiter zunimmt. Mit dem Bedürfnis nach Demokratie, oder sagen wir stattdessen Freiheit, benutzen die heutigen Menschen die Kosmetik nicht zur Unterstreichung der hierarchischen Gesellschaftsordnungen, sondern im genau gegensätzlichen Sinn - zum Niederreißen dieser „von Gott gewollten Ordnungen" durch das Überschreiten sozialer Grenzen. Der sakrale Aspekt der Kosmetik wurde also zusammen mit den alten Welt- und Gesellschaftsordnungen verdrängt.

Mircea Eliade schreibt, dass der moderne Mensch seine kosmologischen Werte verloren habe und sein Körper jeder religiösen oder geistigen Bedeutung beraubt sei. „Verkürzt könnte man sagen", so Eliade, „daß für die modernen, nicht religiösen Menschen der Kosmos undurchsichtig, unbewegt und stumm geworden ist. Er bringt keine Botschaft, er enthält keine ‚Chiffre'."[15] Das mag wohl so sein. Es hat eine Profanisierung der Gesellschaft und somit auch des Körpers stattgefunden. Die Körpersymbolik mittels Kosmetik und der dazugehörenden Körperpflege hat aber immer noch grenzmarkierende Funktion, oder anders gesagt: Der Leib ist immer noch lesbar. Es fehlt jedoch die kosmische Tiefe. Die Selbst-Beschreibungen finden nur noch oberflächlich statt. Das Verständnis hinsichtlich des menschlichen Eingebundenseins in die kosmischen Kreisläufe ist verloren gegangen.

---

[15] Eliade: Das Heilige und das Profane, 155